Bibliografische Information der Deutschen Nationalbibliothek:

Die Deutsche Bibliothek verzeichnet diese Publikation in der Deutschen National-
bibliografie; detaillierte bibliografische Daten sind im Internet über http://dnb.d-
nb.de/ abrufbar.

Impressum:

Copyright © 2010 GRIN Verlag, Open Publishing GmbH
Druck und Bindung: Books on Demand GmbH, Norderstedt Germany
ISBN: 9783640567072

Dieses Buch bei GRIN:

http://www.grin.com/de/e-book/145930/verkehrsdatenerfassung-mit-floating-
objects-data

Stefan Jäger

Verkehrsdatenerfassung mit Floating Objects Data

Aufbereitung alternativer Ansätze und Verarbeitung der Daten mit dem Lomb Periodogram

GRIN Verlag

GRIN - Your knowledge has value

Der GRIN Verlag publiziert seit 1998 wissenschaftliche Arbeiten von Studenten, Hochschullehrern und anderen Akademikern als eBook und gedrucktes Buch. Die Verlagswebsite www.grin.com ist die ideale Plattform zur Veröffentlichung von Hausarbeiten, Abschlussarbeiten, wissenschaftlichen Aufsätzen, Dissertationen und Fachbüchern.

Besuchen Sie uns im Internet:

http://www.grin.com/

http://www.facebook.com/grincom

http://www.twitter.com/grin_com

Verkehrsdatenerfassung mit Floating Objects Data

Seminararbeit

Im Rahmen des Seminars

„Wirtschaftsinformatik – Decision Support"

(Wintersemester 2009/2010)

Technische Universität

Carolo-Wilhelmina zu Braunschweig

Carl-Friedrich-Gauß-Fakultät

Institut für Wirtschaftsinformatik

Stefan Jäger

Wirtschaftsinformatik

Braunschweig, den 28. Januar 2010

Abstract

Als Folge der Globalisierung, des steigenden Bedürfnisses nach Mobilität sowie anderen Gründen die zur Erhöhung des Verkehrsaufkommens führen wird die Verkehrsinfrastruktur zukünftig vor größere Herausforderungen gestellt. Diese erhöhten Anforderungen gilt es mit den vorhandenen Ressourcen zu bewältigen, ohne mit baulichen Maßnahmen entgegenzuwirken. Letztendlich muss eine Möglichkeit geschaffen werden, die Ressourcen optimal zu nutzen, was die konkrete Kenntnis der Kapazitäten sowie der aktuellen sowie prognostizierten Verkehrslage bedarf. Der vorliegende Aufsatz untersucht unter der Bezeichnung Floating Objects Data verschiedene Ansätze zur Verkehrsdatenerhebung und stellt eine Möglichkeit dar, wie die Erkenntnisse in einem handelsüblichen Navigationssystem einer breiten Masse verfügbar gemacht werden kann. Die Folge der Bereitstellung von wichtigen Informationen wird eine verbesserte Auslastungsverteilung im Verkehrssystem zur Folge haben, was letztendlich zu einer optimierten Ausnutzung der vorhandenen Ressourcen führt.

Inhaltsverzeichnis

Abbildungsverzeichnis

Tabellenverzeichnis

Abkürzungsverzeichnis

BAB	Bundesautobahn
DLR	Deutsches Zentrum für Luft- und Raumfahrt
FC	Floating Car
FCD	Floating Car Data
FO	Floating Object
FOD	Floating Objects Data
FOO	Floating Objects Observer
FPD	Floating Phone Data
GATS	Global Automotive Telematics Standard
GPS	Global Positioning System
GSM	Global System for Mobile Communication
ID	Identifikationsnummer
LKW	Lastkraftwagen
ÖPNV	öffentlicher Personennahverkehr
ÖV	öffentlicher Verkehr
PKW	Personenkraftwagen
RFID	Radio Frequency Identification
SIM	Subscriber Identity Module
SMS	Short Messages Service
TMC	Traffic Message Channel
UMTS	Universal Mobile Telecommunication System
V2X-C	Vehicle-to-X-Communication
WLAN	Wireless Local Area Network
XFCD	extended Floating Car Data

1. Einleitung

Verkehrsbehinderungen sind aus dem heutigen Leben in Deutschland nicht wegzudenken. Egal ob durch einen Unfall, eine Baustelle oder durch andere Ursachen hervorgerufen. Ein großer Anteil der Bevölkerung steht regelmäßig im Stau, vergeudet Zeit, Geld und schadet ungewollt der Umwelt, aufgrund riesiger Mengen Treibhausgase die durch laufende Motoren ausgestoßen werden. 1960 waren in Deutschland ca. 4,5 Millionen Personenkraftwagen (PKW) zugelassen, im Jahr 2003 waren es bereits ca. 45 Millionen PKW.[1] Die jährliche PKW-Fahrleistung der deutschen beträgt 500 Milliarden Kilometer was ca. 6000 Kilometer je Einwohner und Jahr gleichkommt. Im Zuge der Globalisierung und des steigenden Bedürfnisses nach Mobilität sind diese Fahrleistungen weiterhin noch einem stetigen Wachstum ausgesetzt. All diese Faktoren tragen dazu bei, dass jährlich ca. 100 Milliarden Euro wirtschaftlicher Schaden entstehen und ca. 12 Milliarden Liter Kraftstoff durch Stau und Stop-and-Go-Verkehr verbraucht werden. Jedoch ist dies kein rein deutsches Problem. Ein Blick über die deutsch-niederländische Grenze genügt, um festzustellen, dass der Schaden in Folge von Reisezeitverlusten hier ebenfalls in die Milliarden geht. Aber auch andere Nationen wie China, die USA, Großbritannien oder Frankreich bleiben vom Problem der überlasteten Verkehrsinfrastruktur nicht verschont. In Folge dessen drängt sich die Frage auf, ob das globale Verkehrssystem den Anforderungen der Zukunft gerecht werden kann oder ob es einer grundlegenden Überarbeitung bedarf.

Letztendlich kann man das Problem nur durch ein operatives und strategisches Planen und Steuern des Straßenverkehrs beheben, um die Verkehrsqualität lokal, regional und überregional zu erhöhen. Jedoch stellt sich in diesem Zusammenhang die Frage, was unter Verkehrsqualität zu verstehen ist. Grundsätzlich ist dies eine zusammenfassende Gütebeurteilung des Verkehrsflusses, welche durch Abstufungen von „A" für frei bis „F" für überlastet reicht, wobei die Stufe „E" die Kapazitätsgrenze repräsentieren soll.[2] Um eine solche Beurteilung fundiert durchzuführen, sodass die Grundlage der Planung und Steuerung geschaffen wird, sind einige Daten erforderlich. Zum einen sind Daten im Bezug auf die vorhandene Infrastruktur notwendig. D.h. es wird ein verkehrstechnisches Modell benötigt, welche die Eigenschaften der Infrastruktur abbildet. Solche Modelle liegen in vielen Fällen bereits in digitaler Form vor, sodass die elektronische Weiterverarbeitung unmittelbar möglich ist.

Als weitere erforderliche Daten sind die Verkehrsdaten zu nennen. Diese müssen im dynamischen Verkehrsgeschehen erhoben werden und repräsentieren eine Momentaufnahme bzw. Stichprobe. Eine Möglichkeit hierzu ist eine externe Beobachtung, z.B. durch eine manuelle Erfassung von verkehrsrelevanten Daten durch eine Zählung der Verkehrsteilnehmer an definierten Belastungsschwerpunkten im Straßensystem. Es ist auch möglich die Daten mittels fahrwegimplementierter Systeme elektronisch zu erheben. Auf diese Art gewonnene Daten messen die lokale Verkehrsstärke, also die Menge von Verkehrsteilnehmern in einem definierten Zeitintervall. Die Abbildung 1 stellt die Ansätze zur Verkehrsdatenerhebung in grafischer Form gegenüber. Man erkennt, dass grundsätzlich zwischen drei Methoden unterschieden wird, der fahrwegimplementierten Generierung mittels Induktionsschleifen

---

[1] Vgl. Strobel 2004.
[2] Vgl. Baselau (2005), S. 13.

o.ä., die Generierung durch externe Beobachtung z.B. durch manuelle oder automatisierte Verfahren sowie die fahrzeugimplementierte Generierung.

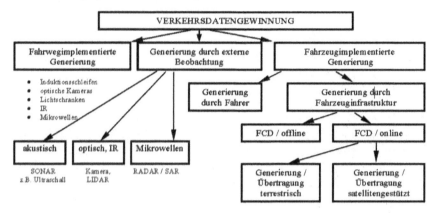

Abbildung 1 Klassifizierung der Methoden zur Verkehrsdatenerhebung[3]

Der Ansatz von Floating Objects Data (FOD) repräsentiert einen Vertreter der fahrzeugimplementierten Generierung, wobei die Infrastruktur des Fahrzeuges die Erhebung automatisiert übernimmt. An dieser Thematik soll diese Arbeit ansetzen und aufzeigen, wie FOD zur Güte-Beurteilung des Verkehrssystems beitragen kann. Hierzu wird in Kapitel zwei unter der Bezeichnung FOD der grundlegende Ansatz mit Hilfe von Floating Car Data (FCD) erläutert und verschiedene Ausprägungen der Objects, also der potentiellen Fahrzeuge anhand von beispielhaften Projekten dargestellt. Es werden weiterhin alternative und bisher nicht beachtete Ansätze diskutiert. Anschließend wird in Kapitel drei die Verarbeitung von verkehrsspezifischen Daten allgemein erörtert und anhand eines neuen Ansatzes – des Lomb Periodogram – vertiefend betrachtet. Dieses Kapitel soll verdeutlichen, wie die erhobenen Daten des vorangegangenen Kapitels als Grundlage für die Generierung neuer Erkenntnisse bzgl. eines vorliegenden Straßensystems genutzt werden. Neuartige Erkenntnisse dienen wiederum als eine fundierte Grundlage zur strategischen Planung wie auch zur operativen Steuerung eines untersuchten Verkehrssystems bzw. eines Ausschnittes aus diesem. Das vierte und somit letzte Kapitel soll abschließend eine kurze Zusammenfassung und einen Ausblick auf die potentielle Weiterentwicklung im Bereich der FOD geben.

---

[3] Aus Gössel 2005, S. 12.

2. Floating Objects Data

Dieses Kapitel widmet sich der ausführlichen Darstellung von Ansätzen im Bereich der FOD sowie deren Informationssysteme. Es werden verschiedene Projekte vorgestellt und die spezifischen Vorteile diskutiert. Um zu Beginn die grundsätzliche Funktionsweise dieses Ansatzes zu erläutern wird auf FCD zurückgegriffen, wobei man das „Car" in diesem Zusammenhang durch die im Anschluss genannten Objekte (Objects) substituieren kann.

2.1. Klassischer Ansatz des Floating Car Data

Die Idee von FCD wird durch die Verwendung von Kraftfahrzeugen als fließende bzw. mitschwimmende Sensoren im Straßenverkehr beschrieben, wobei Daten erhoben werden, welche allgemeine Merkmale einer Strecke charakterisieren. Es liegt demnach ein Stichprobencharakter der Daten vor, welcher durch möglichst große Fahrzeugflotten erhoben werden sollte.[4] Dabei übernimmt, die Fahrzeuginfrastruktur die Datenerhebung. Es wird die aktuelle Zeit sowie Position des Fahrzeuges und andere relevante Daten ermittelt, wodurch ein räumlicher und zeitlicher Bezug zum Individuum hergestellt wird.

Die Positionsbestimmung kann bei den Fahrzeugen über das Global System for Mobile Communication (GSM) oder das Global Positioning System (GPS) erfolgen.[5] Eine Gegenüberstellung der genannten Technologien verdeutlicht die folgende Abbildung 2.

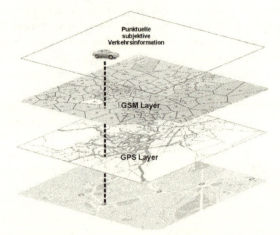

Abbildung 2 GSM- und GPS-Layer für die Datenerhebung mit FCD[6]

Aus dieser Abbildung geht der Zusammenhang zwischen der realen Umgebung und den Abstraktionsebenen von GSM und GPS hervor. Die unterste Ebene stellt hierbei die Umwelt inkl. aller Eigenschaf-

---

[4] Vgl. Gössel 2005, S. 12.
[5] Der Einsatz des europäischen GALILEO (Vgl. Zukunft 2005, S. 13) sowie des russischen GLONASS ist ebenfalls denkbar.
[6] Aus: Leihs.

ten dieser dar. Der GPS-Layer charakterisiert die Umwelt im Bezug auf verkehrsrelevante Daten und ist demnach als verkehrstechnisches Modell der Wirklichkeit anzusehen. Das Fahrzeug kann mit einer geringen Abweichung eindeutig einem Link dieses Modells zugewiesen werden. Aus dem GSM-Layer geht hervor, dass dieser einen sehr abstrahierten Bezug zur Umgebung aufweist, da die Funkzellen unregelmäßig in Größe und Form sind. Letztendlich ist es aber nur möglich ein Fahrzeug zu einer bestimmten Zeit einer Funkzelle zuzuordnen, jedoch nicht wo es sich in selbiger aufhält. Aus dem genannten Grund, wird in der Praxis meist auf die GPS-Daten zurückgegriffen. Jedoch muss gesagt werden, dass man hierbei die vorhandene Infrastruktur nicht außer Acht lassen sollte, d.h. wenn kein GPS-Empfänger verfügbar ist, besteht dennoch die Möglichkeit FCDs zu erheben, welche auch verlässliche Daten liefern. Um GSM-Daten nutzen zu können ist es erforderlich, diese mit Hilfe eines Algorithmus der gefahrenen Strecke zuzuordnen. Erfahrungsberichte haben aber gezeigt, dass diese Methode ebenfalls verlässliches und gutes Datenmaterial liefert.[7]

Die anschließende Übermittlung der Daten kann auf verschiedenen Wegen erfolgen. Eine gängige Variante ist die Nutzung des Short-Messages-Services (SMS) wobei eine Kurzmitteilung an die Zentrale verschickt wird. Diese Variante kann, wenn man bedenkt das tausende Datensätze generierte werden müssen, sehr teuer und damit unwirtschaftlich werden. Auf der anderen Seite ist ein hoher Abdeckungsgrad gewährleistet. Eine andere Möglichkeit ist die Verwendung des Betriebsfunks. Hierbei hat man den Vorteil, dass es kostengünstiger ist, jedoch die Abdeckung nur in bestimmten Bereichen, wie z.B. im innerstädtischen Bereich, garantiert. Das Sammeln der Daten über den gesamten Tag und die einmalige Übermittlung eines Datenpakets wäre auch denkbar, jedoch steht dem wieder die Problematik der Aktualität gegenüber. Sollte die Prämisse das Aufbauen einer empirischen Datenbasis sein, so ist diese Art und Weise bestens geeignet. Man muss demnach genau die Anforderungen an das System analysieren und die entsprechende Methode zur Übermittlung der Daten wählen, da es in diesem Kontext keine allgemeingültige Lösung gibt.

Anschließend werden die Daten in der Zentrale verarbeitet, um Anomalien im Verkehrsgeschehen zu erkennen und zu charakterisieren. Diese generierten Informationen werden an die Verkehrsteilnehmer weitergegeben, sodass diese die Behinderungen gezielt umfahren können.

Um den Prozess der Generierung von wichtigen Verkehrsinformationen auf Basis von FOD zu standardisieren wurden mittlerweile zwei Standards entwickelt, welche Serienreife besitzen. Dies ist zum Einen der Global Automotive Telematics Standard (GATS) und zum Anderen das sog. City-FCD-Verfahren von Gedas Telematics. Beide Standards beruhen auf GPS-Technologie. GATS definiert die Protokolle und Schnittstellen zwischen der Zentrale und dem Fahrzeug, die Mindestanforderungen an ein Fahrzeuggerät sowie die Telematikdienste selbst und deren Ablaufprozeduren. Es wird bei GATS ebenfalls auf SMS-Technologie zurückgegriffen und die Nachrichten werden zeit- und ereignisgesteuert verschickt. Eine Zusammenstellung der meldewürdigen Ereignisse nach GATS verdeutlicht Tabelle 1.

---

[7] Vgl. Steinauer 2006 S. 20.

Bezeichnung	Erläuterung
Street-Class-Change (SCC)	Änderung der Straßenklasse, z.B. BAB auf Bundesstraße
Road-Network-Change (RNC)	Änderung des Straßennetzes, z.b. vom Autobahnnetz ins Stadtstraßennetz
In-Jam-Detection (IJM)	Einfahrt in Stau, Erkennung eines Stauflusses
Out-Jam-Detection (OJM)	Ausfahrt aus Stau, Stauauflösung am Staukopf
Out of Time during Jam	Zeitüberschreitung während Stauaufenthalt, zeitabhängige Meldung, um Stau zu bestätigen
Out of Range (ORA)	Bereichsüberschreitung, streckenabhängige Meldung, wenn eine bestimmte Fahrstreckenlänge erreicht ist
Out of Time (OOT)	Zeitüberschreitung, zeitabhängige Meldung
Out of Message Size (OMS)	Meldungsgröße überschritten, volumenabhängige Meldung, wenn die im Speicher abgelegten Daten die Kapazitätsgrenze erreichen
Out of Validity Region / Out of Notification Region (OVR/ONR)	Verlassen der Gültigkeitsregion bzw. Verlassen eines Erfassungsgebiets, Fahrzeug fährt über eine bestimmte Gebietsgrenze hinaus
Virtual Detection Site passed	Passieren einer virtuellen Messstelle

Tabelle 1 meldewürdige FCD-Ereignisse nach GATS[8]

Sobald eines der genannten Ereignisse eintritt, wird eine Nachricht an die Zentrale verschickt, welche aus einem Header und Event-, Position- und / oder Section-Report besteht. Der Header wird mit jeder Nachricht verschickt. Es wird jedoch in Abhängigkeit des Ereignisses nicht jeder Report mit gesendet. Zusammenfassend kann gesagt werden, dass sich GATS vornehmlich für den außerstädtischen Verkehr eignet, da gerade der sog. Stop-and-Go-Verkehr in urbanen Gebieten die Leistungsfähigkeit des Systems einschränkt. Die in Tabelle 1 beschriebenen IJM und OJM bereiten in diesem Kontext besondere Probleme.

Um dieser Problematik vorzubeugen wurde das City-FCD-Verfahren entwickelt. Wie der Name bereits vermuten lässt sollen hierbei hauptsächlich innerstädtische Gebiete mittels Floating Objects (FO) bzw. Floating Cars (FC) untersucht werden. Es ist auch möglich dieses Verfahren auf Landstraßen und BAB anzuwenden, jedoch haben Erfahrungen gezeigt, dass sich dieses Verfahren für diese Bereiche weniger eignet.[9] Der hauptsächliche Unterschied zwischen GATS und dem City-FCD-Verfahren liegt in den sog. Transmissionskriterien. Diese sind mit den meldewürdigen Ereignissen von GATS gleichzusetzen. Im GATS wird auf die Unterschreitung von Schwellenwerten zurückgegriffen. Im City-FCD-Verfahren hingegen wird die mittlere Reisegeschwindigkeit ermittelt und abgebildet. Es wird lediglich zwischen Verkehrszustand 1 (kein Stau) und Verkehrszustand 2 (Stau) unterschieden, wobei

---

[8] Vgl. Steinauer 2006 S. 23 bzw. Huber 2001
[9] Vgl. Offermann 2002.

man im Meldungsverfahren zwischen synchron und asynchron differenziert. Synchrone Meldungen werden abgesetzt, sobald ein Endknoten eines Links erreicht wurde. Sobald das FO einen Stau erreicht werden asynchrone Meldungen abgesetzt, um die Zentrale zeitnah zu informieren.

Abschließend muss also gesagt werden, dass diese beiden Standards in Kombination eine sehr leistungsfähige Grundlage bieten, um verlässliche Verkehrsdaten mit Hilfen von FOs zu erheben. Aber auch eine Kombination der Verfahren ist nur ratsam, wenn die definierten Ziele des Systems mit der Verknüpfung vereinbar sind.

2.2. Ansätze von Floating Objects Data

Nachdem das zugrundeliegende Prinzip von FOD bzw. FCD erläutert wurde, sollen nun in diesem Kapitel verschiedenste Anwendungsmöglichkeiten unter der Bezeichnung FOD zusammengefasst dargestellt werden und anhand von entsprechenden Projekten erläutert werden. Das Objekt bezieht sich hierbei auf die verschiedenen Arten von potentiellen Sensoren im Straßenverkehr.

2.2.1. Floating Taxi Data

Der wissenschaftlich am umfangreichsten dokumentierte Ansatz zum Thema FOD ist der Einsatz der Fahrzeuge von Taxiunternehmen in Großstädten bzw. Ballungsgebieten als FOs. Die Popularität dieses Ansatzes ist durch die vorhandene Infrastruktur sowie durch die große Fahrzeugflotte und die 15 Mal höhere Fahrleistung eines Taxis im Gegensatz zu einem normalen PKW[10] zu begründen. Die Taxizentralen statten die Fahrzeuge mit GPS-Receivern aus, um eine optimierte Disposition der Fahrzeuge zu gewährleisten. Des Weiteren sind die Fahrzeuge mit Betriebsfunk versehen, welcher parallel zum Sprechkanal auch einen Kanal zur Datenübertragung vorhält. Somit ist die erforderliche Fahrzeuginfrastruktur bereits vorhanden, welche lediglich durch eine Komponente zur automatisierten Datenerhebung und Übermittlung ergänzt werden muss. Weiterhin ist eine zentrale Datenhaltung erforderlich, welche die gesendeten Informationen ablegt und für Analysen aufbereitet. Als ein Nachteil von Taxen als FOs ist zu nennen, dass Taxifahrer ein spezielles Verhalten aufweisen, sobald eine Verkehrsbehinderung auftritt. Durch Absprachen über den Betriebsfunk habe diese besser Kenntnisse über das aktuelle Verkehrsgeschehen als andere Verkehrsteilnehmer, was zur Folge hat, dass Nebenstraßen bzw. nachgelagerte Straßentypen häufiger befahren werden. Die Zentrale erlangt aus den Daten keine verlässlichen Kenntnisse über das tatsächliche Ausmaß der Verkehrsbehinderung.

Zum Thema Taxi-FCD hat das deutsche Zentrum für Luft- und Raumfahrt (DLR) verschiedene Projekte durchgeführt. Hierbei wurden Taxen in Großstädten wie Berlin, Hamburg, Frankfurt, Wien (Österreich) und Ningbo (China) als FOs eingesetzt. Das DLR hat die Vorteile der vorhandenen Infrastruktur erkannt und im Kontext der Verkehrsdatenerhebung zum Einsatz gebracht. Des Weiteren hat das DLR die o.g. Komponente zur Erfassung von Daten implementiert. Hierbei wird in Abhängig des momentanen Status (wartend, frei, belegt, etc.)[11] die aktuelle Position gemeldet. Z.B. wird im Status „wartend" die Position so selten wie möglich übermittelt und im Status „belegt" wird im Durchschnitt alle 40 Sekunden eine Positionsmeldung abgesetzt. Diese Meldungen enthalten eine Identifikationsnummer (ID) des Taxis, die Uhrzeit, die GPS-Position sowie den Status des Fahrzeuges. Diese weni-

---

[10] Vgl. Lorkowski 2003, S. 2f.
[11] Vgl. Lorkowski 2005, S. 3.

gen Daten sind ausreichend, um Analysen der Verkehrsqualität an unterschiedlichsten Punkten in einem Straßennetzwerk durchführen zu können. Die Erläuterung der Funktionsweise soll an dieser Stelle mit Hilfe der Abbildung 3 geschehen.

Im linken Teil der Abbildung wird ersichtlich, dass die Positionsbestimmung über Satelliten-Navigation (GPS) realisiert wird und durchschnittlich eine Meldung in der Minute mit der aktuellen Position, Uhrzeit sowie Status über den Betriebsfunk abgesetzt wird. Die Taxizentrale nimmt die Meldungen entgegen und stellt diese wiederum einer Verkehrsinformationszentrale zur weiteren Verarbeitung zur Verfügung. In der Verkehrsinformationszentrale werden die Daten aufbereitet und an eine Auswahl an Dienstanbieter weitervermittelt. Die Dienstanbieter übernehmen anschließend eine Distribution der Daten an die Kunden mittels verschiedener Technologien wie z.b. SMS oder über den Traffic Message Channel (TMC). Im Falle von TMC werden Verkehrsmeldungen über nicht hörbare UKW-Signale ausgesendet, welche von Navigationsgeräten verarbeitet werden können. Die übertragbare Datenmenge ist hierbei sehr gering.

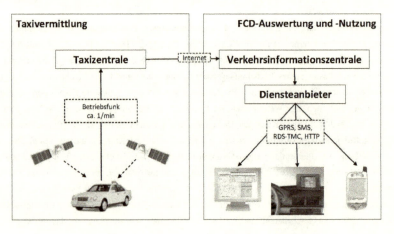

Abbildung 3 Taxi-FCD des DLR

2.2.2. Floating Phone Data

Als weitere Datenquelle sollen Mobiltelefone oder Navigationsgeräte mit Mobilfunkeinheit dienen. Diese sind in diesem Zusammenhang auch als Floating Phone Data (FPD) bekannt. Hierbei soll die Problematik der zu schaffenden Infrastruktur unbeachtet bleiben, da nur die Daten der vorhandenen Geräte erhoben werden. Auch dieser Ansatz wurde bereits erforscht und ist seit mehreren Jahren produktiv im Einsatz. Da die Thematik der FPD großes Potential besitzt, sollen zwei Projekte und die daraus resultierenden Produkte und Dienstleistungen vorgestellt werden.

FPD beruht auf GSM-Technologie und verarbeitet die technischen An- und Abmeldedaten, welche bei der Durchquerung von unterschiedlichen Funkzellen erhoben werden. D.h. es werden keine zeit- oder ereignisgesteuerten Positionsbestimmungen vorgenommen, sondern die Daten der Mobilfunkbetreiber als Datengrundlage verwendet. Die oben darstellte Abbildung 2 kann zur Erläuterung der Funktionsweise herangezogen werden. Bei jedem Übergang von einer Funkzelle in die Nächste werden Geräte, welche ein Subscriber Identity Module (SIM) besitzen an- bzw. abgemeldet. Die Betreibergesellschaften können diese Daten anonymisieren und stellen diese anschließend zur weiteren Verarbeitung zur Verfügung. Mit Unterstützung von speziellen Algorithmen kann anschließend erkannt werden, welcher Straßenabschnitt befahren wurde und welche durchschnittliche Reisegeschwindigkeit vorlag. Jedoch stellt die Struktur der Funkzellen ein Problem dar. In engmaschigen Straßennetzen, wie in Städten und Ballungsräumen, kann man nicht zweifelsfrei feststellen, welcher Link tatsächlich befahren wurde, obwohl die Funkzellen in diesen Gebieten wesentlich kleiner sind. Die Nutzung dieser GSM-Daten ist also hauptsächlich für den überregionalen Verkehr auf BAB, Bundes- und Landstraßen geeignet.

Das Unternehmen NAVTEQ hat unter dem Namen „TMCPro" eine Technologie entwickelt, welche die anonymisierten Bewegungsdaten von Mobilfunkgeräten nutzen kann, um die Verkehrsqualität auf eine digitale Karte zu matchen. Um qualitativ hochwertige Informationen zu generieren, gleicht NAVTEQ die Daten mit Brückensensoren, Induktionsschleifen, FOs und den Daten der Landesmeldestellen ab. Somit entsteht eine umfangreiche Anzahl an relevanten Verkehrsinformationen, welche an die Nutzer bzw. Kunden übertragen werden muss. Das ruft ein weiteres Problem hervor: die begrenzte Kapazität des TMC. Hier muss in Zukunft auf digitale Übertragungsmethoden zurückgegriffen werden, um die „Datenflut" zu distribuieren.

An dieser Problematik hat das niederländische Unternehmen TomTom angeknüpft und unter dem Namen „HD Traffic"[12] ein erweitertes System zur Verkehrsdatenerhebung und –bereitstellung entwickelt. Hierbei sind die Navigationsgeräte mit einem SIM ausgestattet und können so den digitalen Datenübertragungskanal des Universal Mobile Telecommunication System (UMTS) nutzen. Dies gewährleistet eine Aktualisierung der Verkehrsinformationen in einem drei-Minuten-Takt. Weiterhin fungieren die Navigationsgeräte als eine Erweiterung der Datenquelle, da die eigenen Bewegungsdaten in die Datenbasis mit einfließen. Um dem Endverbraucher die Nutzung auch auf anderen Geräten zu gewährleisten, wurden Applikationen wie z.B. für igoogle[13] entwickelt.

2.2.3. Floating Truck Data und Floating Coach Data

Der Einsatz von Reisebussen und Lastkraftwagen (LKW) ist ein weiterer Ansatz im Bereich der FOD. Diese weisen im Vergleich zu anderen Fahrzeugen eine sehr große Fahrleistung auf, vor allem auf wichtigen überregionalen Verbindungen. Die Möglichkeiten hierzu sowie die Vorgehensweise soll in dem folgenden Kapitel erörtert werden.

Das britische Unternehmen ITIS hat für Großbritannien ein kommerzielles System zur Nutzung von Daten aus LKW und Bussen unter dem Namen „KeepMoving" entwickelt, welches seit einigen Jahren im Einsatz ist. Da es sich um ein kommerzielles System handelt, konnten die FOs frei gewählt werden, um Kosten zu minimieren sowie das Datenmaterial in Quantität und Qualität zu optimieren. Die bekannten infrastrukturellen Restriktionen waren demnach irrelevant. Nach einer Untersuchung fanden die Betreiber heraus, dass sich Busse und LKW für die Zwecke von KeepMoving bestens eignen und

---

[12] Vgl. Lüders 2008.
[13] Siehe www.google.de/hdtraffic.

somit wurden 22.000 Fahrzeuge mit der erforderlichen Hardware ausgestattet.[14] Die Datenerhebung wird über sog. Data Collection Units vollzogen und per SMS an die Zentrale übermittelt. Anschließend werden die Daten online verarbeitet und den Nutzern auf verschiedenen Distributionskanälen zur Verfügung gestellt (z.b. via E-Mail, Direktanfrage per SMS und Telefon, als iPhone[15]-Applikation oder integriert in ein Navigationssystem von TomTom). Wie also aus diesem Projekt ersichtlich wird, unterscheidet sich hier allein der Sensor, besser gesagt das Objekt, welches die Datenquelle darstellt. Die zugrundeliegende Funktionsweise ist analog zum klassischen FOD.

2.2.4. extended Floating Car Data und Vehicle-to-X-Communication

Da moderne Fahrzeuge mit den unterschiedlichsten Fahrerassistenzsystemen wie z.b. Anti-Blockier-System (ABS), Elektronisches-Stabilitäts-Programm (ESP), Antriebs-Schlupf-Regelung (ASR), Licht- und Regensensoren etc. ausgestattet sind, ist die Idee des extended Floating Car Data (xFCD)[16], die hier gewonnenen Daten ebenfalls zu nutzen.[17] Es werden Sensoren der Fahrzeugelektronik in die Datenerhebung mit einbezogen, um verkehrsrelevante bzw. sicherheitskritische Informationen zu generieren wie z.b. Warnungen vor Glatteis, Aquaplaning (ABS, ESP und ASR könnten hier als Datenquelle fungieren) o.ä.

Ein xFCD-System ist in seiner Funktionsweise an das klassische FOD angelehnt, besitzt jedoch spezielle Eigenschaften. Die Datenerhebung erfolgt ähnlich einem FOD zeit- und ereignisgesteuert, wobei die durch die Fahrzeugelektronik erhobenen Daten immer ereignisgesteuert erfasst werden. Letztere genannte Daten werden direkt in einer Komponente im Auto mittels unterschiedlicher Algorithmen verarbeitet, um die jeweilige Situation zu definieren und einzuschätzen, welchen sicherheitskritischen Hintergrund diese hat. Im Anschluss daran werden, neben den Positionsdaten, nur die erkannten Situationsinformationen an die Verkehrszentrale weitergeleitet, da ansonsten ein zu großes Datenvolum zu übertragen ist. Die verantwortliche Geschäftsstelle prüft nun die Informationen auf Plausibilität indem die neue Meldung mit Meldungen von unabhängigen Verkehrsteilnehmern verglichen wird.

Der deutsche Automobilhersteller BMW hat die Thematik xFCD besonders geprägt und ist in diesem Bereich seit mehr als zehn Jahren aktiv. Die aufgebaute Expertise, z.B. durch das Projekt LoCoMoTIV kommt den heutigen BMW-Besitzern zu Gute, da diese die vorhandenen Systeme gegen eine Gebühr nutzen können.[18] BMW nutzt die in der Abbildung 4 dargestellten Sensoren. Natürlich ist es auch möglich, die Datenquellen um weitere Sensoren zu erweitern. Wie aus der Abbildung auch ersichtlich wird, werden die Daten sofort im Fahrzeug durch die „intelligent Event- and Situation-Detection" verarbeitet. Diese Daten werden anschließend an eine Zentrale übermittelt, welche die Distribution an andere Teilnehmer übernimmt. Eine beispielhafte Warnmeldung und das Zustandekommen dieser ist im rechten Teil der Abbildung visualisiert.

Als eine Erweiterung des bereits genannten xFCD wird die sog. Vehicle-to-X-Communication (V2X-C) gesehen. Hierbei werden die Daten nicht nur an eine zentrale Instanz übermittelt, welche die Distri-

---

[14] Vgl. Ehmke 2007, S. 28 f.
[15] Das iPhone ist ein Smartphone der Firma Apple.
[16] Auch unter der Bezeichnung enhanced Floating Car Data bekannt.
[17] Vgl. Huber 1997 S. 4 f.
[18] xFCD wird als Teil des Gesamtpaketes ConnectedDrive der BMW Group angeboten (Vgl. BMW 2002).

bution der Informationen übernehmen soll, sondern es werden auch wichtige Daten an die Verkehrsinfrastruktur bzw. direkt an andere Verkehrsteilnehmer in der Nähe übertragen. Zum Einen kann dies
Kostenvorteile schaffen, z.b. wenn die Daten von der lokalen Infrastruktur an andere Verkehrsteilnehmer oder die Zentrale weitergeleitet wird. Zum Anderen können wichtige lokale Informationen
bzgl. der Situation in Echtzeit an andere Fahrzeuge übermittelt werden, welche sich in Reichweite
befinden. Neben BMW (hier als Car-to-Car-Communication bezeichnet) beschäftigen sich auch noch
andere Unternehmen, wie z.b. die österreichische AUDIO MOBIL Elektronik GmbH mit V2X-C.
Hierbei werden u.a. leistungsfähige Sender-und Empfängerantenne entwickelt, welche mit GSM,
UMTS und Wireles Local Area Network (WLAN) arbeiten. In ihrem Projekt „AUDIO MOBIL Verkehrsmanagement" werden die Erkenntnisse aus V2X-C mit eingebunden, um ein ganzheitliches Ver-
kehrsmanagementsystem zu entwickeln. Diese spezielle Ausprägung des Einsatzes von FOD soll in
dieser Arbeit nicht weiter betrachtet werden.

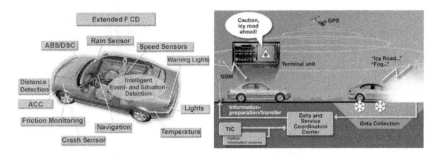

Abbildung 4 extended FCD von BMW[19]

2.2.5. Floating Objects Observer

Nachdem einige Projekte und Ansätze von FOD benannt wurden, soll in diesem Kapitel ein alternativer Ansatz diskutiert werden, der nicht die eigenen Position bzw. Eigenschaften der Strecke erkennt
und übermittelt, sondern die Daten anderer Verkehrsteilnehmer anonym erhebt. Der bereits 1954
durch Wardrop[20] beschriebene Floating Objects Observer (FOO) soll in diesem Zusammenhang benannt werden. Der FOO beobachtet mit Hilfe von neuentwickelten Kameras den gegenläufigen Verkehr und analysiert die Daten, ähnlich einem xFCD-System, ad-hoc in einer im Fahrzeug befindlichen
Komponente. Hierbei besteht nicht nur die Möglichkeit der Erkennung von Zuständen wie z.B. „Stau"
und „Frei" sondern es ist auch möglich Prognosen zu stellen, da der FOO erkennt wie viele Fahrzeuge
aus dem Stau herausfahren und wie viele in den Stau einfahren werden. Die aggregierten bzw. analysierten Daten werden nach der Bearbeitung unter Angabe der Uhrzeit und Position des aufgetretenen
Ereignisses an die Zentrale übermittelt. Hier werden die Daten erneut abgeglichen und über verschiedene Dienste verteilt.

In den Projekten Aktiv[21] und VAGABUND[22] werden Fahrzeuge des öffentlichen Personennahverkehrs
(ÖPNV) als potentiellen FOO-Datenquelle erforscht.[23] Der hauptsächliche Nachteil eines Fahrzeuges

---

[19] Aus Huber 1997 S. 6 ff.
[20] Vgl. Wardrop 1954.
[21] Steht für Adaptive und Kooperative Technologien für den Intelligenten Verkehr.

des öffentlichen Verkehrs (ÖV) als FO liegt darin, dass diese häufig spezielle Verkehrswege befahren dürfen, welche für andere Verkehrsteilnehmer gesperrt sind (Busspuren oder Gleise von Straßenbahnen), was letztendlich zu einem verzerrten Gesamtbild führt. Diese Tatsache wird sich hier zu Nutze gemacht indem der Stau schnell und eindeutig charakterisiert werden kann und auf vollständig anonymisierten Daten beruht, indem das Fahrzeug an der Fahrzeugschlange vorbeifährt. Hierbei handelt es sich also um einen effizienteren Ansatz, da die Daten einen wesentlich höheren Informationsgehalt aufweisen. Als ein weiterer Vorteil dieses Systems ist die Tatsache zu nennen, dass mit einem GPS-Modul und einem Modul für die Kommunikation über den Betriebsfunk die vorhandene Fahrzeuginfrastruktur erneut gegeben ist. Abschließend muss gesagt werden, dass der Ansatz der FOOs sehr großes Potential besitzt, sich momentan aber noch in einem Forschungszustand befindet. FOOs müssen im täglichen Einsatz zeigen, dass diese verlässliche Daten liefern.

2.2.6. weitere Ansätze zu Floating Objects Data

In den vorangegangenen Kapiteln wurde einige Ansätze zum Thema FOD genannt, welche bereits vielfach beschrieben wurden oder sich teilweise bereits im täglichen Einsatz befinden. In den folgenden Ausführungen soll das Potential alternativer Ansätze und Gründe für die Nichtbeachtung diskutiert werden.

Im Zuge der Suche nach alternativen Objekten zur Datenerhebung sollte erneut darauf geachtet werden, dass das Fahrzeug möglichst viele Komponenten der erforderlichen Infrastruktur aufweist. Weiterhin sollte eine überdurchschnittliche Fahrleistung der Fahrzeuge gegeben sein, sodass potentiellen Daten repräsentativ sind. Hierbei sind zu Beginn die Fahrzeuge öffentlicher Träger zu nennen, insbesondere Streifenwagen oder Zivilfahrzeuge der Polizei, Fahrzeuge des Bundesamtes für Güterverkehr (BAG), des Zolls, der Ordnungsämter. Diese Fahrzeuge sind auf den ersten Blick die idealen Sensoren für ein FOD-Projekt, da in vielen Fällen eine Ortungstechnologie (GPS) vorhanden ist und auch die Kommunikation teilweise über eine Funkfrequenz abgewickelt wird. Des Weiteren weisen diese Fahrzeuge eine überdurchschnittliche Fahrleistung in urbanen Gebieten (Streifenwagen der Polizei, Fahrzeuge der Ordnungsämter) wie auch auf überregionalen Verbindungen (BAG, Zoll, Zivilfahrzeuge der Polizei) auf. Da die Datenerhebung mit Hilfe der genannten Fahrzeuge großes Potential aufweist, stellt sich die Frage, warum dieser Ansatz bis jetzt unbeachtet blieb. Hierbei könnten rechtliche und sicherheitsrelevante Gründe angeführt werden. Z. B. könnte unterstellt werden, dass die Daten einzelnen Fahrzeugen zugeordnet werden könnten (da jedes Fahrzeug eine eindeutige ID verschicken muss) und unsachgemäß behandelt werden. Daraus resultiert ein sicherheitskritischer Aspekt den es zu lösen gilt.

Ein weiterer Ansatz baut auf dem in Kapitel 2.2.2. beschriebenen HD Traffic von TomTom auf. Mit diesem ist der Einsatz des Navigationssystems als FO denkbar. Die erforderliche (Fahrzeug-) Infrastruktur (GPS-Receiver und Übertragungseinheit) ist bereits vorhanden und muss ausschließlich wieder um eine Komponente erweitert werden, welche automatisiert die Positionsmeldung absetzt und durch weitere Daten ergänzt. Hierbei sollte wieder eine eindeutige ID sowie der Status (z.B. Fahrt mit

---

[22] Steht für Verbesserte Datenerfassung durch Analyse des Gegenverkehrs auf Basis einer universalen Detektion über Floating Car Observer.
[23] Vgl. Hoyer 2008.

Zielführung, Fahrt ohne Zielführung, etc.) mit übertragen werden, um analog zum Taxi-FCD eine verwertbare Datenbasis zu schaffen.

Ein weiterer Ansatz kann in Anlehnung an das in Kapitel 2.2.3. beschriebene britische Projekt KeepMoving genannt werden. Hierbei soll die Nutzung der Daten aus LKW in Deutschland umgesetzt werden. Durch das Einführen des Systems der Toll Collect GmbH wurden viele Fahrzeuge deutschlandweit mit einem sog. On-Board-Unit ausgestattet. Diese Komponenten zeichnet mittels GPS-Technologie die gefahrene Strecke auf und errechnet hieraus die anfallende Maut. Hierbei ist ein Abgleich zwischen den aktuellen Positionsdaten sowie den hinterlegten mautpflichtigen Strecken notwendig. Die aufgezeichneten Daten werden über Mobilfunk an ein Rechenzentrum übermittelt, welche die weitere Verarbeitung dieser vornimmt. Folglich sind in diesem speziellen Fall ähnlich gute Voraussetzungen wie im Taxi-FCD-Projekt des DLR gegeben, sodass das System lediglich um eine Komponente zur automatisierten Datenerhebung erweitert werden muss.

Der in Kapitel 2.2.3. vorgestellte Ansatz der Floating Truck Data kann als Grundlage für die Erweiterung eines Projektes der DHL International GmbH und des DLR fungieren. Die primär verfolgte Zielstellung im Projekt „SmartTruck" ist die Steigerung der Flexibilität und Termintreue, die verbesserte Transparenz durch optimierte Kommunikation sowie die ressourcenschonende Gestaltung von Transporten, ökonomisch wie ökologisch. Hierbei sollen die Zustellfahrzeuge optimal disponiert werden, wobei Daten bzgl. der aktuellen Position, der Ladung und des Auslieferungszustandes relevant sind. Die Abbildung in Anhang A1 zeigt die einzelnen Teilsysteme auf, welche hierbei zum Einsatz kommen. Das Zustellfahrzeug ist in dieser Konstellation hauptsächlich Nutzer von aktuellen Verkehrsdaten. Jedoch ist es auch möglich, eigene Positionsmeldungen an eine Zentrale weiterzuleiten, da die Positionsdaten der Fahrzeuge ohnehin in Echtzeit verfügbar sein müssen. Dies ist für eine dynamische Disposition unbedingt erforderlich. SmartTruck ist ein komplexes System, wobei die Thematik FOD nur einen Teilaspekt (aktuelle Verkehrsdaten) abbildet.

Zusammenfassend kann gesagt werden, dass es eine Vielzahl verschiedener Ansätzen im Umfeld der FOD gibt, welche jeweils spezifische Vorteile gegenüber anderen aufweisen. Letztendlich hängt die Wahl des zur Generierung heranzuziehenden Objektes davon ab, welche Ziele das zu implementierende System erreichen soll und wie die Anforderungen bzw. Restriktionen definiert sind. Gleichzeitig ist aber auch eine Kombination möglich, sodass Nachteile ausgeglichen werden. Um die Thematik FOD abschließend zusammenzufassen soll die Tabelle 2 in Anhang A2 dienen. Hierbei wurden alle in Kapitel zwei genannten Ansätze dargestellt und prägnant charakterisiert.

3. Verarbeitung von Verkehrsdaten

Nachdem Ansätze und Möglichkeiten zur Erhebung von Datenmaterial im fließenden Verkehr beschrieben wurden, soll im folgenden Kapitel die Generierung von neuen Erkenntnissen erarbeitet und charakterisiert werden. Potentielle Erkenntnisse beziehen sich hierbei auf die dynamische Veränderung der Verkehrsqualität, z.b. im zeitlichen Verlauf eines Tages oder als Reaktion auf äußere Einflüsse wie Wetter, Großereignisse etc. Grundsätzlich wird hierbei in die operative und strategische Erkenntnisgewinnung unterschieden. Hierbei muss angemerkt werden, dass der strategische Ansatz aus empirischen Daten hervorgeht, demnach als Grundlage fungiert und der operative Ansatz aus online analysierten Datenmaterial Abweichungen gegenüber der Norm – den strategischen Analysen – erkennt. Im Kontext dieses Aufsatzes wird sich auf die strategische Verarbeitung von Verkehrsdaten bezogen. Hierzu wird zu Beginn der allgemeine Prozess erläutert. Im Anschluss daran soll ein speicheroptimierter alternativer Ansatz vorgestellt werden, welcher die Verarbeitung von ganglinienbasierten Erkenntnissen für handelsübliche Navigationsgeräte ermöglicht – das sog. Lomb Periodogram.

3.1. Allgemeiner Prozess der Gewinnung neuen Wissens aus Verkehrsdaten

Da keine Datenquelle als alleiniger Ursprung für eine Datenbasis fungieren sollte, muss zu Beginn ein Integrationsprozess durchgeführt werden. Dieser Prozess wird häufig auch als Data Integration bezeichnet und dient der Zusammenführung der unterschiedlichsten Daten zu einer konsistenten Datenhaltung. Beispielsweise können Daten aus FOs, FOOs und fahrwegimplementierten Sensoren integriert werden. Der Prozess des Data Integration soll hier nicht weiter spezifiziert werden.

Durch Fehlfunktionen bzw. Ausfallen von Sensoren, durch die Data Integration oder durch die manuelle Bearbeitung des Datenmaterials kann es dazu kommen, dass Datensätze unvollständig, inkonsistent oder fehlerhaft sind.[24] Diese Datenbankeinträge gilt es im Prozess des Data Cleaning zu entdecken und zu eliminieren. Denn nur mit einer qualitativ hochwertigen Datenbasis kann eine optimale Ergebnisqualität gewährleistet werden. Da im Falle von Verkehrsdaten millionen von Datensätzen vorliegen, ist es erforderlich, die fehlerhaften Datenbankeinträge mit Hilfe verschiedener Algorithmen zu filtern sowie zu eliminieren. Die Vorgehensweise soll im Rahmen dieses Aufsatzes nicht weiter beschrieben werden.[25]

Mit dem Data Cleaning wurden die Vorarbeiten geleistet, um den Schritt zur Generierung neuen Wissens – das Data Mining – durchzuführen. Der Begriff der Knowledge Discovery in Databases wird in diesem Zusammenhang häufig genannt.[26] Data Mining bezeichnet im Allgemeinen die „Extraktion implizit vorhandenen, nicht trivialen und nützlichen Wissens aus großen, dynamischen, komplex strukturierten Datenbeständen."[27] Die experimentelle Wissenschaft des Data Mining wird mit Softwareunterstützung vollzogen, wobei Algorithmen der Mathematik, Statistik sowie Mustererkennung zum Einsatz kommen.[28] Als Ergebnis des Data Mining entstehen Modelle und Muster, welche zur

---

[24] Vgl. Ehmke 2007 S. 33 ff.
[25] Es wird auf Ehmke 2007 S. 33 ff. verwiesen.
[26] Vgl. Düsing 1999.
[27] Zit. aus Bissantz 1993.
[28] Vgl. Lusti 2002 S. 259 ff.

Prognose von mittleren Reisegeschwindigkeiten in Abhängigkeit von äußeren Faktoren herangezogen werden können.

Der abschließende Schritt der Data Evaluation dient dem Verifizieren bzw. Evaluieren der durch das Data Mining erkannten Muster und Modelle. Mittels der Verifikation soll verhindert werden, dass vorhandene Erkenntnisse erneut durch Modelle spezifiziert werden. Evaluation bedeutet in diesem Zusammenhang die Bewertung der Modelle und die Ableitung von Auswirkungen auf die Verkehrs-qualität. Weiterhin ist in diesem Kontext die kundenorientierte Aufbereitung des Wissens relevant.

Die folgende Abbildung 5 soll die genannten Schritte zusammenfassen und einen allgemeingültigen Prozess definieren. Der erste erforderliche Schritt ist die Datenerhebung (Data Collection). Hierbei wird ersichtlich, dass die Telematik mit Hilfe des FCD-Ansatzes die automatisierte Erhebung über-nimmt. Dieser Schritt wurde in Kapitel zwei des vorliegenden Aufsatzes ausgiebig beschrieben. Je-doch wird in der Abbildung angenommen, dass FCD als alleinige Grundlage auftritt was, wie in die-sem Kapitel genannt, nur bedingt der Fall sein wird.

	DATA COLLECTION by telematics	DATA ANALYSIS by Knowledge Discovery	DATA EVALUATION
step	(automated) traffic census	data analysis	measure evaluation
method	floating car data	data mining	evaluation scheme
result (goal)	traffic data	traffic information	traffic quality

Abbildung 5 Generierung strategischer Verkehrsinformationen[29]

Im Anschluss folgt der Schritt der Datenanalyse (Data Analysis). Hierbei sollen neue Modelle unter Zuhilfenahme des Data Mining erkannt werden, um neue Verkehrsinformationen zu generieren. Im letzten Schritt – der Datenevaluation (Data Evaluation) – werden die Verkehrsinformationen evaluiert und verifiziert sodass Aussagen über Einflüsse auf die Verkehrsqualität getroffen werden können.

3.2. Generierung von Tagesganglinien auf Basis des Lomb Periodogram

Im Kontext der Generierung neuer strategischer Erkenntnisse auf Basis von Verkehrsdaten werden häufig sog. Tagesganglinien beschrieben. Diese sollen als Grundlage für dieses Kapitel dienen und werden zu Beginn definiert und charakterisiert. Um solche Tagesganglinien zu approximieren wird im Folgenden ein speicheroptimierter Algorithmus in Form des sog. Lomb Periodogram beschrieben.

Eine Ganglinie bzw. Tagesganglinie ist in diesem Zusammengang eine grafische Darstellung von Ver-änderungen einer Verkehrskenngröße im zeitlichen Verlauf, welche sich auf einen bestimmten Link bezieht. Hierbei wird auf der x-Achse die zeitliche Einteilung, häufig in Stunden, und auf der y-Achse die Verkehrskenngröße dargestellt. Typischerweise wird im FCD-Kontext die mittlere Reisege-schwindigkeit eines Streckenabschnitts im zeitlichen Verlauf eines Wochentages dargestellt und cha-rakterisiert. Des Weiteren besteht die Möglichkeit, verschiedene Tagesganglinien in Abhängigkeit von

---

[29] Aus Ehmke 2008 S. 7.

äußeren Faktoren zu erstellen und bei Bedarf als Instrument der Prognose für die Reisegeschwindigkeit heranzuziehen.

In Sohr 2009 wurde eine Vorgehensweise beschrieben, welche auf Basis von FODs eine Approximation von Tagesganglinien definiert – das Lomb Periodogram.[30] Die Tagesganglinie soll mit einer Kombination aus einfachen trigonometrischen Funktionen (Sinus- und Cosinus-Funktionen) angenähert werden, um einen speicheroptimierten Algorithmus für spezielle Navigationssysteme (z.b. für Logistikunternehmen) zu implementieren. Dies ist erforderlich, da es aus begrenzten Ressourcen eines handelsüblichen Navigationssystems nicht möglich ist, für jeden Link eine Tagesganglinie zu speichern bzw. zu verarbeiten. Der hier beschriebene Algorithmus ist sehr rechenintensiv, was die Durchführung auf einem leistungsstarken Großrechner erzwingt. Der Output ist speicheroptimiert und wird auf die Navigationsgeräte übertragen. Das spezifische Vorgehen soll im Folgenden dargestellt werden.

Als Ausgangspunkt werden die Daten der FOs herangezogen, welche im linken Teil der Abbildung 6 als rote Kreuze dargestellt sind. Diese Daten wurden bereits bereinigt und in eine Grafik integriert, die die typischen Dimensionen einer Visualisierung von Tagesganglinien aufweist. Zusätzlich wurde in diese Abbildung die sog. originale Lomb Function integriert. Die originale Lomb Function ist mit der, auf konventionelle Weise errechnete Tagesganglinie gleichzusetzen. Diese soll im Folgenden bestmöglich approximiert, d.h. angenähert werden, da diese u.U. eine sehr umfangreiche Funktion mit einer Vielzahl an Polynomen sein kann und das Hinterlegen einer solchen Funktion für jeden Link in einem Straßennetzwerk nicht möglich ist.

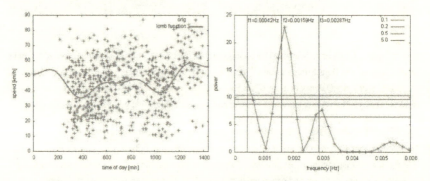

Abbildung 6 Lomb Periodogram[31]

Um eine Tagesganglinie mit Hilfe einer Kombination aus Sinus- und Cosinusfunktionen zu approximieren sind noch Parameter zur Bestimmung erforderlich. Die erforderlichen Frequenzen und die Anzahl der Kombinationen werden im ersten Schritt bestimmt. Hierbei soll der linke Teil der Abbildung 6 in den rechten überführt werden.

Es wird ersichtlich, dass es sich hierbei um ein sehr abstraktes Problem handelt. Dieses findet seine Hauptanwendung in der Physik und Mathematik wieder und soll im Rahmen dieses Aufsatzes nur in

---

[30] Vgl. Sohr 2009.
[31] Aus Sohr 2009.

den Grundzügen erläutert werden. Zu Beginn muss angemerkt werden, dass die Daten der linken Abbildung als Bild verarbeitet werden und nicht die Ausgangsdaten der FOs in deren Reinform. In der physikalischen Disziplin der Spektroskopie wird die spektrale Leistungsdichte (auch als Frequenzspektrum bekannt) aus Bildern erkannt und verarbeitet. Analog geschieht dies hier. Die Daten werden augenscheinlich in einen anderen Raum bzw. funktionalen Zusammenhang überführt, sodass die erforderlichen Frequenzen erkennbar werden. Diese Überführung geschieht in den meisten Fällen über die sog. Fast-Fourier-Transformation (FFT), welche aber in diesem Beispiel nicht verwendet werden kann, da die Bildpunkte äußerst unregelmäßig verteilt sind. D.h. die FFT setzt gleichverteilte Bildpunkte voraus, welche in der Abbildung aber nicht gegeben sind. In einem bestimmten Rahmen kann versucht werden aus den ungleichmäßig verteilten Daten gleichmäßige verteilte Daten zu generieren, um im Anschluss die FFT durchzuführen. Da in diesem Beispiel aber in den ersten 200 Minuten des Tages keine bzw. sehr wenige Daten vorhanden sind muss dies auf eine andere Art und Weise geschehen. Aus diesem Grund muss ein anderer Transformationsansatz herangezogen werden, welcher durch Lomb entwickelt wurde.[32]

Das Lomb Periodogram bewertet die Daten nur an den Zeitintervallen, welche tatsächlich gemessen wurden und errechnet hierbei die Mittelwerte und die Varianzen. Dies funktioniert über die bekannten Berechnungsvorschriften. Im Anschluss wird ein Normalisierungsalgorithmus durchgeführt, welcher ebenfalls einen Ausgleich der Daten zwischen den Intervallen mit Daten sowie den Intervallen ohne Daten zur Folge hat. Heraus kommt ein Frequenzspektrum, welches sich aus einem periodischen Signal sowie einem Rauschen zusammensetzt. Dieses Rauschen gilt es im Anschluss durch die Definition von Signifikanzlevels zu filtern. Alle Frequenzen, welche ein Signifikanzlevel überschreiten sind für die weitere Verarbeitung von Bedeutung, alle anderen nicht. Mit dem Algorithmus des Signifikanztests werden diese Levels bestimmt (horizontale Linien in der rechten Grafik in Abbildung 6). Hierbei wird eine sog. Nullhypothese angenommen, welche in diesem Beispiel durch die Gauß´sche Normalverteilung der Daten definiert sein soll und als Wahrscheinlichkeitswert gegeben ist. Anschließend werden die Eingangsdaten, d.h. die originalen und nicht „ausgeglichenen" Daten, gegen die Nullhypothese getestet, wobei sich an die signifikanten Levels im Verlauf angenähert wird.

Diese Levels können aber auch vorgegeben werden. Für unsere Beispieldaten soll das Level 5.0% als signifikant definiert werden und es wird ersichtlich, dass drei Spitzen existieren, welche diesen Schwellenwert übersteigen. Es hat sich gezeigt, dass 5.0% ein adäquater Schwellwert ist, um das Rauschen in Datenbeständen mit Verkehrsdaten herauszufiltern. Jetzt ist die Anzahl der zu kombinierenden Summen aus Sinus- und Cosinus-Funktionen bekannt (drei) und es müssen die erforderlichen Frequenzen gewählt werden. Diese sind durch die vertikalen Linien im rechten Teil der Abbildung dargestellt. Die Frequenzen werden benötigt, um die Tagesganglinien-Funktion berechnen zu können:

$$approximierte\ Lomb\ function: v(t) = v_0 + \sum_{i=1}^{N}(a_i \sin \omega_i t + b_i \cos \omega_i t)$$

---

[32] Vgl. Press 1992 S. 576ff.

N repräsentiert die Anzahl der Frequenzen; ϖ ergibt sich aus $2\pi f_i$ mit f_1 ... f_N als signifikante Frequenz. In unserem Beispiel sind die erkannten Frequenzen wie folgt verteilt: $f1 = 0.00042$Hz, $f2 = 0.00159$Hz, $f3 = 0.00287$Hz. v_0 stellt die zulässige Geschwindigkeit dar (in diesem Beispiel 50.1 $^{km}/_h$); a_i und b_i die Amplituden der jeweiligen Frequenz, welche noch unbekannt sind.

Im Anschluss müssen die Parameter a_i und b_i mit dem sog. Singular-Value-Decomposition-Fit-Verfahren (SVD-Fit-Verfahren) an die o.g. originale Lomb Function angenähert werden. Es wird hierbei für ein überbestimmtes System die beste Approximation ermittelt. Dies funktioniert über das Aufstellen eines Gleichungssystems. Dieses wird in eine Matrix umgeformt und anschließend als Produkt dreier spezifischer Matrizen dargestellt, um die Singulärwerte dieser Matrix errechnen zu können. Singulärwerte repräsentieren in diesem Beispiel die Veränderung des Amplitudengangs, was dem eigentlichen Anliegen des SVD-Fit entgegenkommt. Der ausschlaggebendste Grund für den Einsatz von SVD-Fit liegt in diesem Zusammenhang in der speicheroptimierten Anordnung der errechneten Singulärwerte. Diese werden automatisch nach Relevanz sortiert und irrelevante Daten gelöscht, sodass ein speicheroptimierte Output das Resultat ist.

Abschließend werden die ermittelten Werte in die approximierte Lomb Function eingesetzt. Die Abbildung 7 visualisiert die vollständige Funktion als approximierte Tagesganglinie (lomb function). Des Weiteren wurden auch die einzelnen Funktionen, bestehend aus Kombinationen von Sinus- und Cosinusfunktionen inkl. der Gewichtung durch die entsprechenden Parameter dargestellt:

$$lomb\ i = v_0 + (a_i \sin \varpi_i t + b_i \cos \varpi_i t)$$

Anhand der Abbildung ist man in der Lage, den additiven Zusammenhang der Einzelfunktionen (lomb1, lomb2, lomb3) und der approximierten Lomb Function zu erkennen.

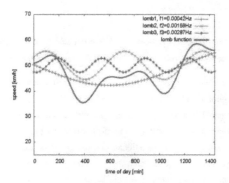

Abbildung 7 approximierte Lomb Function

Wie aus den Ausführungen dieses Kapitels hervorgeht, muss große Rechenleistung vorgehalten werden, da die einzelnen Schritte diese unbedingt benötigen. Das Ergebnis des Prozesses ist jedoch die beste Approximation, welche mit einfachen trigonometrischen Funktionen errechnet werden kann. Diese können anschließend auf die Navigationsgeräte übertragen werden, um tageszeitabhängige Navigation durchführen zu können.

4. Zusammenfassung und Ausblick

Wie aus dem zweiten Kapitel hervorgegangen ist, handelt es sich bei FOD keineswegs um einen völlig neuen Ansatz. Es wurden Projekte und Produkte benannt, welche sich bereits seit einigen Jahren erfolgreich produktiv im täglichen Einsatz befinden und hier einen deutlichen Mehrwert für die Nutzer und Kunden darstellen. Des Weiteren wurden aber auch alternative, bis zum jetzigen Zeitpunkt weniger betrachtete Ansätze genannt, wobei ein riesiges Potential zu erwarten ist, gerade was die Unfallprävention mit Hilfe der V2X-C betrifft. FOD wird demnach nicht nur einen großen Beitrag zur optimierten Nutzung der vorhandenen Infrastruktur leisten, sondern in Form des Ansatzes der xFCD gleichzeitig die Sicherheit auf den Verkehrstrassen erhöhen. Da der klassische Ansatz von FOD bereits in umfangreicher Art und Weise analysiert und getestet wurde, kann gesagt werden, dass xFCD, V2X-C aber vor allem der äußerst viel versprechende Ansatz des bereits in den 1950er Jahren beschriebenen FOO zukünftig einen wesentlich bedeutenderen Platz in der Forschung und Entwicklung einnehmen wird. Dies ist vor allem den in diesem Aufsatz beschriebenen Vorteilen gegenüber den klassischen Verfahren sowie der ständigen Weiterentwicklung der Informationstechnologie zu verdanken, welche solche Methoden erst ermöglicht.

Des Weiteren wurde im Rahmen dieses Aufsatzes auf die Weiterverarbeitung der Daten eingegangen, im speziellen auf die Generierung von Tagesganglinien in Abhängigkeit des Wochentages und andere äußerer Faktoren, wie Großereignisse, Wettererscheinungen oder Ferienverkehr. Hierzu wurde ein neuer, sehr leistungsfähiger Algorithmus vorgestellt, welcher das Hinterlegen der Tagesganglinien für jeden (erfassten) Link in einem Straßennetzwerk in ein handelsübliches Navigationsgerät ermöglicht. Somit werden die empirischen Erfahrungen bedeutend mehr Nutzern zur weiteren Verwendung nutzbar gemacht, was volkswirtschaftlich gesehen weiter zur Verminderung des jährlich durch Verkehrsbehinderung entstehenden Schadens beiträgt. Man macht dieses Wissen also vielen Menschen zugängig, wodurch eine weitere Verteilung des Verkehrs resultiert, da das Navigationsgerät in Abhängigkeit bestimmter Faktoren andere Routen vorschlägt.

Um abschließend noch einmal die einleitende Frage aufzugreifen, ob das globale Verkehrssystem den zukünftigen Anforderungen gerecht werden kann, muss gesagt werden, dass man dies nicht eindeutig beantworten kann, jedoch bestehen einige Ansätze, welche die begründete Hoffnung wecken, dass man mittels neuer Technologien bestens ausgestattet werden kann, um die vorhandenen infrastrukturellen Ressourcen optimal zu nutzen. Aber auch hier gibt es Grenzen, die mit einer gelungenen Kombination aus Verkehrsinformationsgewinnung und –Kommunikation annähernd erreicht aber niemals überschritten werden können. Sobald diese Grenze erreicht wird, helfen auch keine telematikbasierten Systeme mehr.

Literaturverzeichniss

Baselau 2005 — Baselau, C. (2005): Entwicklung eines Verfahrens zur Beurteilung der Verkehrsqualität auf Straßen mit 2+1-Verkehrsführung, Dissertation, Betreut von Univ.-Prof. Dr.-Ing. Ulrich Brannolte, Weimar, Universität Weimar, Online verfügbar unter: http://e-pub.uni-weimar.de/volltexte/2006/775/pdf/dissertation_baselau.pdf, letzter Abruf: 14.12.2009

Bissantz 1993 — Bissantz, N.; Hagedorn, J. (1993): Data Mining (Datenmustererkennung), in: Wirtschaftsinformatik, Band 35 Heft 5, S. 481- 487

BMW 2002 — BMW Group (2002): ConnectedDrive, Informationen der BMW Group 2002, online verfügbar unter: http://www.bmwgroup.com/e/0_0_www_bmwgroup_com/unternehmen/publikationen/aktuelles_lexikon/_pdf/connecteddrive.pdf, letzter Abruf: 10.01.2010

Düsing 1999 — Düsing, R. (1999): Knowledge Discovery in Databases and Data Mining, In: Gluchowski, P.; Chamoni, P. (Hrsg.): Analytische Informationssysteme, Berlin et al, S. 345-353

Ebner 2008 — Ebner, M. (2008): Artikel: Telematik; In: Enzyklopädie der Wirtschaftsinformatik, Kurbel, K.; Becker, J.; Gronau, N.; Sinz, E.; Suhl, L. (Hrsg.); online verfügbar: http://www.enzyklopaedie-der-wirtschaftsinformatik.de/wi-enzyklopaedie/lexikon/technologien-methoden/Rechnernetz/Telematik, letzter Abruf: 09.12.09

Ehmke 2007 — Ehmke, J.-F. (2007): Charakterisierung von Straßenverkehrssystemen mit Floating Car Data und Data Mining, Diplomarbeit, Betreuer: Dipl. Inform.-Wirt. Stephan Meisel, Braunschweig, Technische Universität Braunschweig

Ehmke 2008 — Ehmke, J.-F.; Meisel, S.; Mattfeld, D. C. (2008): Floating Car Data Based Analysis of Urban Travel Times for the Provision of Traffic Quality, in: Traffic Data Collection and its Standardization (International Series in Operation Research & Management Science), Springer Verlag, Berlin

Gössel 2005 — Gössel, F. (2005): Informationsentropische, spektrale und statistische Untersuchung fahrzeuggenerierter Verkehrsdaten unter besonderer Berücksichtigung der Auswertung und Dimensionierung von FCD-Systemen, Dissertation, Betreut von Prof. Dr.-Ing. Ernst Michler, Dresden, Technische Universität Dresden, Online verfügbar unter: http://www.qucosa.de/fileadmin/data/qucosa/documents/1293/1116572388287-5050.pdf, Abruf: 14.12.09

Hoyer 2008 — Hoyer, R., Naumann, S. (2008): Floating Car Observer – Ein neuer Ansatz zur Verkehrslageerkennung im Fahrzeugumfeld, Präsentation im Rahmen der Fachkonferenz Verkehrsmanagement und Verkehrstechnologien, Halle

Huber 1997 — Huber, W.; Lädke, M.; Ogger, R. (1997): Extended Floating-Car Data for the acquisition of traffic information; Technical Report BMW Group; In: Mobility for Everyone: Proceeding of the 4th World Congress on intelligent Transport Systems, Berlin

Huber 2001	Huber, W. (2001): Fahrzeuggenerierte Daten zur Gewinnung von Verkehrsinformationen. Veröffentlichung des Fachbereiches Verkehrstechnik der TU München, München
Leihs	Leihs, Dietrich: Was sind FCD? arsenal research. Online verfügbar unter: http://www.arsenal.ac.at/products/products_mob_fcd_was_de.html, Abruf: 24.12.2009
Lorkowski 2003	Lorkowski, S. et.al. (2003): Erste Mobilitätsdienste auf Basis von „Floating Car Data", In: Tagungsband zum 4. Aachener Kollouium "Mobilität und Stadt", S. 93-100, Berlin, online verfügbar: http://elib.dlr.de/6613/, letzter Abruf: 18.01.2010
Lorkowski 2005	Lorkowski, S.; Mieth, P.; Schäfer, R.-P. (2005): New ITS applications for metropolitan areas based on Floating Car Data, Institute of Transport Research, German Aerospaces Center (Berlin), Online verfügbar unter: http://elib.dlr.de/21000/, letzter Abruf: 29.12.2009
Lüders 2008	Lüders, D. (2008): Leiten mit System – Mit neuer Navi-Technik auf der Überholspur, in: c't, Heft 26, S. 160-163
Lusti 2002	Lusti, M. (2002): Data Warehousing und Data Mining, 2. Auflage, Springer-Verlag, Berlin et.al.
Offermann 2002	Offermann, F.; Düsterwald, M. (2002): Wirksamkeitsuntersuchung des City-FCD-Verfahrens auf ausgewählten Streckenabschnitten. Studie im Auftrag des Hessischen Landesamtes für Straßen- und Verkehrswesen, Schlussbericht (unveröffentlicht), Aachen
Press 1992	Press, W. H.; Teukolsky, S. A.; Vetterling, W. T.; Flannery, B. P. (1992): Numerical Recipes in C – The Art of Scientific Computing, Second Edition, Cambridge University Press, Cambridge
Sohr 2009	Sohr, A.; Wagner, P.; Brockfeld, E. (2009): Floating Car Data Based Traveltime Prediction with Lomb Periodogram, In: Proceedings 16th World Congress on ITS, unveröffentlicht, Stockholm
Steinauer 2006	Steinauer, B. et. al. (2006): Integration mobil erfasster Verkehrsdaten (FCD) in die Steuerungsverfahren der kollektiven Verkehrsbeeinglussung, aus: Forschung Straßenbau und Straßenverkehrstechnik, Heft 933, Bonn
Strobel 2004	Strobel, B. (2004): Brennpunkt Stau, in: Focus Magazin, Heft Nr. 28/2004
Wardrop 1954	Wardrop, J.G.; Charlesworth, G.(1954): A method estimating speed and flow of traffic from a moving vehicle, in: Proceeding of the Institution of Civil Engineers, Part II, S. 158-171
Zukunft 2005	Zukunft, D. et. al. (2005): Exposé – GALILEO im Verkehr Anwendungspotenzial und DLR-Expertisen, Deutsches Zentrum für Luft- und Raumfahrt (DLR) in der Helmholtz-Gemeinschaft, Köln

Anhang

Anhang A1

Abbildung 8 "SmartTruck" von DHL[33]

Anhang A2

Bezeichnung	Merkmale	Vorteil	Nachteil	Projekte
Floating Taxi Data	Nutzung von Taxen als Floating Objects	Weißen eine sehr hohe Fahrleistung im innerstädtischen Bereich auf; gute infrastrukturelle Voraussetzungen	„spezielles Verhalten" von Taxifahrern: Absprachen bei Stau und befahren alternativer Routen	Zahlreiche DLR-Projekte in Deutschland, Österreich und China
Floating Phone Data	Nutzung von anonymisierten Bewegungsdaten von Mobiltelefonen	Hoher Abdeckungsgrad durch millionen von Mobiltelefonen	Keine eindeutige Zuordnung zur tatsächlich befahrenen Strecke	TMCPro und HD Traffic
Floating Truck / Coach Data	Nutzung von LKW und Bussen als Floating Objects	Hohe Fahrleistung auf wichtigen überregionalen Verbindungen	Hohe einmalige Kosten, da kaum nutzbare Fahrzeuginfrastruktur vorhanden ist	KeepMoving
Extended Floating Car Data	Gleichzeitige Erfassung von Daten aus der Fahrzeugelektronik	Analyse sicherheitskritischer Situationen	Momentan noch geringe Abdeckung durch xFCD-Fahrzeuge	Projekte der BMW AG und der AUDIO MONIL Elektronik GmbH
Floating Objects Observer	Beobachtung des Gegenverkehrs	Hoher Informationsgehalt der Meldungen	Noch nicht vollständig erforscht	Aktiv und VA-GABUND

Tabelle 2 Zusammenfassung FOD-Ansätze

---

[33] Quelle: http://www.dhl-innovation.de/de/projekte/smarttruck.php.